Ein Dialog des Leidens zwischen der Kreuzigung und dem Holocaust

Von Rick Wienecke

Zu diesem Studienplan haben beigetragen: Pam Jarvis, Geoff Barnard und Mike Jarvis

Übersetzung: Judith Stern und Merve Doorentz-Hundsdörffer

ISBN 978-965-7542-37-8

Dies Buch kann bestellt werden unter

- www.castingseeds.com
- castingseeds@gmail.com
- www.lulu.com

Eine Tsur Tsina Production

Gedruckt: Jerusalem, Printiv und Lulu.com

INHALTSVERZEICHNIS

Einführung

Wie kam es dazu? Wo fängt ein Gebet an?
Geschieht es, wenn die Tränen beginnen, zu fallen oder war es immer da und wartete nur auf den richtigen Moment, um sich auszudrücken?
Ich nenne es „plötzlich…" wenn das Timing Gottes und Sein Wille zusammentreffen.

Gott begann 2001, mir etwas zu zeigen durch einige emotionale Wechselwirkungen von denen ich weiß, daß sie nur durch Ihn angestoßen sein konnten Zusammen wurden sie dies „plötzlich…", das meine Aufmerksamkeit auf eine Frage lenkte: „Könnten der Holocaust und die Kreuzigung etwas gemeinsam haben? Könnten diese beiden Persönlichkeiten sich durch ihr gemeinsames Leiden verstehen?" Die Kirchengeschichte hat diese beiden immer getrennt, aber könnte es mittels der Kunst einen „Dialog des Leidens" geben, der diese beiden zusammenbringen könnte?

Der Gedanke erschreckte mich zutiefst. Die Schauplätze und Persönlichkeiten des Holocaust und der Kreuzigung schienen unnahbar. Fast ein ganzes Jahr diskutierte ich mit Gott über meinen Anteil an dem Gedanken.

Mein abschließendes Argument war: „Wie kann ich ein Denkmal für die sechs Millionen schaffen, die im Holocaust umkamen, wenn ich mich selbst nicht daran erinnern kann?" ich bin kein Jude, so habe ich innerhalb meiner Familie keinen, auf dessen Erinnerungen ich zurückgreifen könnte. Ich bin in Kanada geboren, nicht in Europa, so habe ich nicht einmal eine Erinnerung an die Orte, auf die ich zurückgreifen könnte. Ich dachte, dies wäre ein gutes Argument und überzeugte mich zunächst selbst, daß es nicht an mir war, etwas zu tun.

Plötzlich spürte ich, wie der Herr mir sagte: "Aber ich habe … Ich habe Erinnerungen an jeden Mann, jede Frau, jedes Kind, jeden Waggon, jedes KZ, jedes Massengrab, jeden Schrei aus jeder Gaskammer… Ich habe dies alles im Gedächtnis. Du kannst es aus meinem Gedächtnis schaffen, nicht aus deinem."

Und so begann das Gebet.

Warum ein Dialog des Leidens?

Jemand, der in seinem Leiden verstanden werden möchte, weiß, daß er sich damit verletzlich macht. Er muß die Gelegenheit zum Reden wahrnehmen in der Hoffnung, daß der andere hören und verstehen wird und sich auf die eine oder andere Art mit seinem Schmerz identifiziert. Darin liegt die Chance, daß der Schmerz und das Leid schließlich gehört werden und ein brauchbarer Dialog entsteht.

Der Arbeitsbuch ist eine Möglichkeit für Sie, sich die Persönlichkeiten des Holocausts und der Kreuzigung genauer anzusehen. Es ist auch eine Betrachtung der sieben Worte Jesu am Kreuz und der oft unausgesprochenen Worte des Holocausts. Eine Gelegenheit, die visuelle Umsetzung dieser Worte anzusehen und schließlich die Frage zu stellen: „Wie ist das Herz des Vaters mit diesen beiden verbunden? Warum verbindet er seine Tränen und seine Erinnerungen so sehr mit diesen beiden Söhnen?"

Dieses Arbeitsbuch ist in keiner Weise als intellektuelle Übung gedacht, um sozusagen eine Antwort und ein Verständnis für das Leiden zwischen diese beiden Persönlichkeiten in den Raum zu stellen. Sie müssen bereit sein, in dieser Spannung zu leben, daß Sie nicht die Antwort wissen und Gott erlauben, Seine Tränen mit Ihnen zu teilen, eine nach der anderen, inmitten der Fragen...

Wir werden wohl niemals ganz verstehen.

Hinweise zum Gebrauch

Dieses Arbeitsbuch ist dazu gedacht, in einer Reihe von etwa 1 ½ bis 2 -stündigen Treffen durchgearbeitet zu werden, am besten ein Kapitel pro Woche. Stellen Sie folgende Dinge bereit, bevor Sie beginnen:

1. Die Bibel, entweder als Buch oder online. Wenn nicht anders vermerkt, wurde die Elberfelder Übersetzung in der revidierten Fassung benutzt. Unter www.biblos.com gibt es Übersetzungen mit Studienhilfen (meist auf Englisch), unter bibelserver.com stehen verschiedene Übersetzungen zur Verfügung.
2. Die DVD „Fountain of Tears"
3. Das Arbeitsbuch Dialog des Leidens (dieses Buch).

Wen Sie diese Dinge haben:

a. Ihr erstes Treffen sollte damit beginnen, die gesamte DVD „Fountain of Tears" zu sehen, gefolgt von einer Zeit des Austausches über Ihren Gesamteindruck von der „Quelle der Tränen", ihre Bedeutung und ihre Auswirkungen.
b. Beginnen Sie die folgenden Treffen, indem Sie (nochmals) den Teil der DVD sehen, der den Teil des Kunstwerks zeigt, über den Sie gerade sprechen.
c. Lesen Sie die Ziele und den Kommentar in Ihrem Arbeitsbuch
d. Gehen Sie die Fragen zum Austausch durch.
e. Wahlweise: Gehen Sie noch die eventuell vorhandenen zusätzliche Anmerkungen und Aktivitäten durch.

Gethsemane – Leiden und Tod

Es verbindet sich so viel mit diesem Wort „Gethsemane": es ist ein Ort der Dunkelheit und des Schreckens und eines intensiven Kampfes des Willens. Aber es ist auch ein Garten, in dem Oliven geerntet und gepreßt werden, um Öl hervorzubringen, Öl, das in biblischen Zeiten zur Heilung gebraucht wurde und um Könige zu salben. In dieser dunkelsten aller Nächte wurde der Willen zu leben zermalmt und gepreßt, um das Öl des Lebens hervorzubringen, weil Jemand Ihn darum bat, dies zu tun, und nicht nur einfach zu sterben, was den Kampf sicher leichter gemacht hätte, sondern durch eine langsame, methodisch ausgefeilte Folter, einen Tod, der gedacht war, um für die längst mögliche Zeit den größtmöglichen Schmerz zuzufügen.

Ein klein wenig spiegelt die Gethsemane-Skulptur wider, wie ich mich fühlte, bevor ich anfing, die „Quelle der Tränen" zu schaffen. Es war solch ein Kampf, diesen gottgegebenen Auftrag zu beginnen. Ich wußte, es würde mich alles kosten und ich könnte alle meine Freunde verlieren. Es war ein Wunder, daß ich, der Heide, die israelische Staatsbürgerschaft bekommen hatte – ein Zeichen vom Himmel, daß ich in Israel bleiben sollte, ein Teil davon werden und die Sprache lernen. Ich hatte mich dem Kibbuz angeschlossen und meinen Militärdienst gemacht. Gott hatte mir eine Liebe für dies Volk gegeben, und die Beziehungen, die allmählich entstanden waren, zeigten Gottes Hand in diesem allen. Es war so eine Ehre, Teil dieses Volkes zu sein. War es möglich, daß ich alles verlieren könnte?

Der Holocaust ist einer der Hauptfäden im Gewebe dieses Landes. Dieses Thema anzusprechen fühlte sich an, als ob man etwas beträte, das so heilig war, daß man es besser meiden sollte. Es war ein Ort, dem man sich mit Fragen näherte, aber niemals mit Antworten. Wie konnte ich die schrecklichen Erinnerungen des Holocaust mit Jesu Kreuzigung und seinen letzten sieben Worten verbinden?
Meine israelischen Freunde würden wütend darüber sein, daß ich, der Heide, der behauptete, ihr Freund zu sein, es wagte, einen Dialog zu schaffen zwischen diesen beiden Ereignissen, die einander nur verfluchten.

„Kann es einen Dialog geben, in dem man einander die Schmerzen zeigt?" fragte ich mich. „Kann es eine Gemeinschaft des Leidens zwischen diesen beiden geben, die Reinigung und Heilung in all dieses Missverstehen und den Haß bringt?"
Der Kampf mit diesem Auftrag war wie ein persönliches Gethsemane für mich, meine Selbstrechtfertigung und all diese Argumente, mit denen ich mich selbst retten wollte, mußten sterben, jetzt, wo ich mit der Arbeit an der Skulptur beginnen sollte.
Da ich wußte, daß es bei diesem Weg nicht nur darum ging, ein großes bildhauerisches Projekt zu gestalten, sondern auch um einen Weg des Gebets und der Fürbitte, fragte ich mich, womit ich anfangen sollte.
Vielleicht Gethsemane? In gewisser Weise begann dort die Kreuzigung.
An diesem Ort zeigte der Vater dem Sohn, was vor Ihm lag.
Der Holocaust – könnte diese Gartenszene vergleichbar sein mit all den Nächten, in denen die Juden zusammengebracht und in Gefängnisse oder Lager geschickt wurden?

Für Jesus war es die Nacht seiner Gefangennahme, als sie ihn banden und hinwegführten. Zwischen seiner Gefangennahme und seiner endgültigen Verurteilung wurden verschiedene Schritte unternommen. Nach etlichen politischen Schachzügen und einigen Manipulationen kam die endgültige Lösung – Sein Tod durch Kreuzigung.

Die Juden wurden zuerst durch die Nürnberger Gesetze gebunden, dann in die Ghettos in Gefangenschaft geführt bis schließlich die SS die Endlösung ausführte, Tod in den Gaskammern, Kreuzigung. Ich gestaltete die Figur Jesu wie über einen großen Stein ausgegossen, als ob sein Körper die Form dieses Steins annehmen würde. Das Zentrum seines Kampfes ist in dem Kelch des Leidens dargestellt, den er in der Hand hält, allegorisch als Kelch dargestellt, der bis zum Rand mit Leiden gefüllt ist. Während der Vater Ihm alles zeigte, was in dem Kelch war, floß Sein Schweiß, mit Blutstropfen gemischt, über den Stein. Könnte er sogar gewußt haben, daß es einen Moment des völligen Verlassenseins vom Vater geben würde? Und dann bat der Vater Seinen Sohn, diesen Schreckenskelch zu trinken zur Errettung eben derer, die Ihn verfolgten und haßten.

In der Skulptur hält Jesus den Kelch in seiner linken Hand, den Arm ganz ausgestreckt, so weit von Seinem Mund weg wie möglich. Der Kelch wird nur von Zeigefinger und Daumen gehalten, die anderen drei Finger berühren ihn nicht. Dies symbolisiert Jesu Unentschlossenheit, die drei Finger stellen die drei Male dar, in denen er Seine Jünger rief, um mit Ihm zu beten, aber sie schlafend vorfand. Dreimal bat Er den Vater, den Kelch von Ihm zu nehmen. In dieser dunkelsten aller Nächte traf Er allein diese fürchterliche Entscheidung, „Vater, wenn es Dein Wille ist, nimm diesen Kelch von mir, aber nicht mein Wille, sondern Dein Wille soll geschehen."

**Die Kreuzigung begann in dem Moment, in dem Jesus einwilligte,
den Kelch des Leidens zu trinken.**

„Vater, vergib ihnen,
denn sie wissen nicht, was sie tun.“

Figur 1

Erstes der letzten sieben Worte Jesu am Kreuz

Jesus aber sprach:
Vater, vergib ihnen! Denn sie
wissen nicht, was sie tun.
Sie aber verteilten seine Kleider
und warfen das Los darüber.

Lukas 23,34

Schlüsselwort: *Vergebung*

Ziele:

In diesem Kapitel lernen Sie:

1. das Wort "Bund" zu definieren
2. den Begriff "Vergebung" zu verstehen
3. Sie entdecken den Gedanken eines „Bundes der Vergebung".
4. Sie untersuchen die Argumente des Holocaust-Überlebenden, warum Vergebung zu Vergessen führt.
5. Sie analysieren, wie wir als Nachfolger Jesu die Kreuzigung als unseren Bund der Vergebung annehmen und uns dann umdrehen und die Juden für seinen Tod verantwortlich machen können.

Einführung des Künstlers: Rick Wienecke

Wenn ich vor der Quelle stehe, stehe ich dort als Israeli, als Gläubiger an Jesus und als Künstler. Aber meine zentrale Identität ist die als Gläubiger an Jesus, alle anderen Beschreibungen von mir sind daraus entstanden. Also überlegte ich mir, von den letzten sieben Worten Jesu am Kreuz, welches war das erste? Weiß außer dem Herrn selbst jemand wirklich die richtige Reihenfolge? Aber meine Überlegungen ließen mich auch fragen, was wäre das Wichtigste für Jesus? Wenn dies die letzten Momente in seinem Leben sind, woran denkt Er als erstes? Vielleicht dieses, „Vater, vergib ihnen, denn sie wissen nicht, was sie tun."

Hintergrund

In Figur 1 ist Vergebung der Schlüssel. Jesus setzt sich beim Vater für die ein, die Ihn töten. Er versucht, den Vater zu überzeugen, daß sie nicht wußten, was sie taten, als sie ihn den Römern auslieferten oder als die Römer ihn ans Kreuz nagelten.

Vergebung und Bund

Bei der Kreuzigung vergibt Jesus nicht nur denen, die Ihn gekreuzigt haben, mit den Worten „Vater, vergib ihnen, denn sie wissen nicht, was sie tun" schafft Er einen Bund, der auf Vergebung basiert, was dann der Neue Bund wird.

Legt man nun die Definition eines Bundes zugrunde, bedeutet dies, wenn ich Vergebung empfange, muß ich auch vergeben. Das ist es, was Jesus im Bund der Vergebung am Kreuz zeigt. Es ist das Herz und der Charakter seines Opfers: Vergebung.

Das Dilemma des Holocaust-Überlebenden

Wenn ich Vergebung empfange, muß ich selbst vergeben. Hier beginnt das Dilemma des Holocaust-Überlebenden. Er wird das Wort „Vergebung" mit dem Wort „vergessen" zusammenbringen, und er kann die Umgekommenen seines Volkes nicht vergessen. Das Vergessen ist für den Überlebenden das Problem beim Vergeben. Hat der Holocaust-Überlebende ein falsches Verständnis von „Vergebung"? Ist er einer Lüge aufgesessen?

Die Argumentation des Holocaust-Überlebenden: Vergebung führt zum Vergessen

Um zu verstehen, wie ein Holocaust-Überlebender denkt, lassen Sie uns lesen, was ein Überlebender des Konzentrationslagers Auschwitz, Elie Wiesel, in seinem Buch „Die Nacht" schreibt: „Für den Überlebenden, der darüber reden will, ist es klar: Es ist seine Pflicht, Zeugnis abzulegen für die Toten und die Lebenden. Er hat kein Recht, kommende Generationen einer Vergangenheit zu berauben, die zu unserer kollektiven Erinnerung gehört. Zu vergessen wäre nicht nur gefährlich, sondern auch beleidigend, die Toten zu vergessen würde fast heißen, sie noch einmal zu töten... Der Zeuge hat sich dazu gezwungen, auszusagen, für die Jugend von heute, für die Kinder, die morgen geboren werden. Er möchte nicht, daß seine Vergangenheit ihre Zukunft wird. Ist es so, daß der Überlebende einer solch schrecklichen Tat fürchtet, daß diese unmenschlichen Handlungen an zukünftigen Generationen wiederholt werden könnten, wenn wir die Vergangenheit vergessen? Denkt er/sie, daß die Schmerzen und Erinnerungen so tief liegen, daß sie nicht geheilt werden können?
Elie Wiesel sagt auch: „Niemals werde ich diese Momente vergessen, in denen mein Gott und meine Seele umgebracht wurden und meine Träume zu Asche wurden. Niemals werde ich diese Dinge vergessen, selbst wenn ich dazu verurteilt wäre, so lange zu leben wie Gott selbst. Niemals."

Vergebung und Ersatztheologie

Es erstaunt mich, daß die Kirche, die von sich behauptet, daß Jesus der Herr ist, sein Gebet der Vergebung für die, die Ihn gekreuzigt haben, so aggressiv ignoriert. Geschichtlich gesehen hat die Kirche die Juden als Jesu Mörder gebrandmarkt. Es gibt sehr viele Dokumente, die zeigen, daß die Kirche die Verfolgung der Juden vorangetrieben hat. Es ist als ob Jesus nie den ersten der sieben Sätze gesagt hätte. Warum ignorieren sie so sehr dieses Wort Vergebung? Könnte es bedeuten, daß, sobald es um das jüdische Volk geht, sich zeigt, wie wenig sie Jesus wirklich kennen? Die Ersatztheologie ersetzt nicht nur Israel durch die Kirche, sie muß auch Jesus durch etwas anderes ersetzen. Denn wenn die Kirche behauptet, daß irgend jemand Jesus getötet hat, verneint sie dadurch Gethsemane. Jesus entschied sich für die Kreuzigung, Er sagt, daß er dafür geboren wurde: „...aber der Herr ließ ihn treffen unser aller Schuld" (Jesaja 53,6).

Er wurde bewusst das endgültige Opfer, das Passalamm. Er ging den Weg des prophetischen Bildes vom priesterlichen Opfer. Er wird der Priester für die ganze Menschheit, so wie seine jüdischen Brüder Priester für die Nationen sind (1. Mose 12,2-3). Er macht seinen Jüngern deutlich, daß er nach Jerusalem hinaufzieht um an die Heiden überliefert zu werden, um getötet und begraben zu werden und dann aufzuerstehen.
Er faßt bewußt diesen Plan: in Lukas 18,31-33 heißt es: „Er nahm aber die Zwölf zu sich und sprach zu ihnen: Siehe, wir gehen hinauf nach Jerusalem und es wird alles vollendet werden, was durch die Propheten auf den Sohn des Menschen hin geschrieben ist: denn er wird den Nationen überliefert werden und wird verspottet und geschmäht und angespien werden und wenn sie ihn gegeißelt haben, werden sie ihn töten und am dritten Tag wird er auferstehen.".

Jesus sagt in Seinem Gebet vom Kreuz um Vergebung, daß seine Mörder nicht wußten, was sie taten. Etwas Ähnliches sagt Joseph im ersten Buch Mose zu seinen Brüdern: „Ihr zwar, ihr hattet Böses gegen mich beabsichtigt, Gott aber hatte beabsichtigt, es zum Guten zu wenden." Beide Male hatten die Menschen Böses im Sinn, aber am Ende wurde Gottes Plan erfüllt. Gottes Wille ist größer als alles Böse, das der Mensch beabsichtigt.

Jesu Göttlichkeit in der Kreuzigung

Wenn wir sagen, daß Jesus getötet wurde, weil Menschen es so wollten, machen wir aus Jesus nur einen Menschen und nicht den fleischgewordenen Gott. Jesus, als Sohn Gottes, hatte die Macht und die Fähigkeit, Legionen von Engeln zu rufen um Ihn zu befreien, aber er beschloß, nicht zu fliehen. Er geht sogar so weit, daß Er um Vergebung für seine eigenen Mörder bittet. Mit dieser Handlung zeigt Er Seine göttliche Natur. Sein Gebet um Vergebung schafft eine ständige Beziehung mit seinen jüdischen Brüdern und mit allen Menschen durch den neuen Bund.

Indem sie die Juden für Seinen Tod verantwortlich machen, verneinen diese Menschen Seine Erlösungstat für die Sünde. Diese Lüge verneint auch das Gebet in Gethsemane, weil sie nicht beachten, daß es der Wille des Vaters war, daß Er sterben sollte, und der Vater hat seinen Willen nicht geändert, auch als Jesus bat, daß der Kelch an Ihm vorübergehen möge.

Was wir tun sollen

Unsere Aufgabe ist es, dem jüdischen Volk mit Liebe und Achtung zu begegnen und nicht, sie zu verdammen. Über uns wurde die letzten 2000 Jahre reichlich Vergebung ausgegossen. Als Gläubige sollen wir die Juden eifersüchtig machen, nicht ängstlich und mißtrauisch uns gegenüber.

Römer 11,11 sagt: "Ich sage nun: Sind sie etwa gestrauchelt, damit sie fallen sollten? Das ist ausgeschlossen! Sondern durch ihren Fall ist den Nationen das Heil geworden, um sie zur Eifersucht zu reizen."

Zusammenfassung

Wie können wir als Nachfolger Jesu die Kreuzigung als unseren Bund der Vergebung annehmen und uns dann umdrehen und die Juden für Seinen Tod verantwortlich machen? Wenn wir diesen Gedankengang zu Ende verfolgen, würde dies logischerweise dazu führen, daß Jesus nie gesagt hätte: „Vater, vergib ihnen!"

Fragen zum Austausch

1. Definieren Sie den Gedanken der Vergebung. Wie beeinflußt der Bund der Vergebung Ihre Ansicht darüber, wer Jesus getötet hat?
2. Haben Sie die Lüge geglaubt, daß die Juden Jesus getötet haben? Wenn ja, tauschen Sie sich darüber aus, warum. Hat sich Ihre Ansicht geändert, nachdem Sie dies Kapitel gelesen haben? Warum bzw. warum nicht?
3. Hat der Holocaust-Überlebende ein falsches Verständnis des Wortes Vergebung? Versuchen Sie, sich anhand der Gedanken von Elie Wiesel, die in diesem Kapitel genannt werden, in seine Lage zu versetzen. Stellen Sie sich selbst an den Platz des Holocaust-Opfers in Figur 1. Was sagen Sie, wenn Sie den Kopf an die Säule lehnen, die für Ihre Lieben steht, die im Holocaust umkamen?
4. Wie vergibt das Holocaust-Opfer, was ihm und seinen Lieben angetan wurde? Wie ehrt er sein Volk und vergibt den Schuldigen?
5. Überprüfen Sie, was Sie über die Juden und die Kreuzigung denken. Gibt es in Ihrem Herzen noch Unvergebenheit gegenüber den Juden wegen der Lüge, daß sie Jesus getötet haben? Nehmen Sie sich Zeit, Ihr Herz zu erforschen und zu hören, was der Vater Ihnen im Gebet über Ihre jüdischen Brüder und Schwestern sagt.
6. Sprechen Sie über Römer 11,11. Wie deuten Sie den Vers? Was wollen Sie konkret tun, „um sie zur Eifersucht zu reizen"?

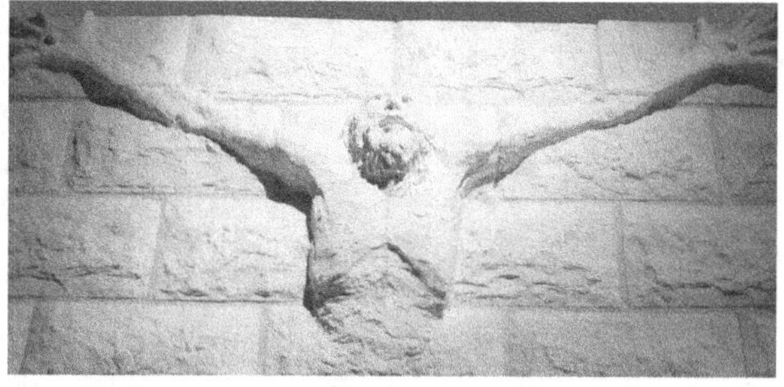

„Heute wirst du mit mir im Paradies sein"

Figur 2

Zweites der letzten sieben Worte Jesu

*Und er sprach zu ihm:
Wahrlich, ich sage dir:
Heute wirst du mit mir im
Paradies sein.*

Lukas 23,43

Schlüsselwort: *Gedenken*

Ziele

In diesem Kapitel lernen Sie:

1. ein Verständnis des Gedenkens zu bekommen, wie es im Herzen des Vaters und im Herzen des Diebes ist

2. über die Frage nachzudenken: „Hat der Vater die Schreie des Holocaust gehört oder daran gedacht? Und „Hat Er sein Volk vergessen?"

3. herauszufinden, was es mit der Kreuzigung und ihrer Bedeutung für den Holocaust auf sich hat.

4. zu überprüfen, wie unser Verständnis von Errettung im Zusammenhang mit dem Dieb am Kreuz ist.

5. Gottes Verständnis von Gedenken zu erkennen, wie es sich in den von Gott eingesetzten Festen zeigt.

Eine Bitte um Gedenken

Dieses Wort liebe ich seit jeher! Es zerstört alle Doktrinen, die wir geschaffen haben, damit ein Mensch die Erlösung bekommen kann. Der Dieb, zu dem Jesus diese Worte spricht, war wahrscheinlich niemals getauft, weder untergetaucht noch besprengt, und er sprach auch nicht in Zungen. Alle diese Rituale mögen wichtig scheinen, aber sie stehen immer nur an zweiter Stelle, wenn es um Erlösung geht.

Worum bittet der Dieb? Er möchte, daß an ihn gedacht wird. „Herr, wenn Du in Dein Reich kommst, bitte gedenke an mich." Dies ist eine unglaubliche Bitte in den letzten Momenten sowohl seines als auch Jesu Leben. „Bitte vergiss mich nicht!"

Gedenken

Ein guter Teil der Bibel ist dem Gedenken gewidmet oder fordert uns direkt dazu auf. Zum Beispiel sind alle von Gott eingesetzten Feiertage dem Gedenken gewidmet.

Jeder Feiertag ist mit dem Gedenken an eine bestimmte Zeit in der Geschichte der Juden oder ihres Landes verbunden. Passah ist das Gedenken an den Auszug aus Ägypten. In 5. Mose 5,15 heißt es: „Und denke daran, daß du Sklave warst im Land Ägypten und daß der Herr, dein Gott. Dich mit starker Hand und mit ausgestrecktem Arm von dort herausgeführt hat! Darum hat der Herr, dein Gott, dir geboten den Sabbattag zu feiern."

Purim ist die Geschichte von Esther, heute noch gefeiert wie in Esther 9,28 angeordnet: „Und sie bestimmten, daß diese Tage in Erinnerung bleiben und gefeiert werden sollten in jeder einzelnen Generation, in jeder einzelnen Familie, in jeder einzelnen Provinz und in jeder einzelnen Stadt, und daß diese Purimtage bei den Juden nicht untergehen und die Erinnerung an sie bei ihren Nachkommen kein Ende finden sollten."

Shavuot (Fest der Wochen) schließt das Gedenken an die Geschichte von Ruth ein. An diesem Feiertag wird das ganze Buch Ruth gelesen.

Und Chanukka erinnert an die Wiedereinweihung des Tempels zur Zeit der Makkabäer im 2. Jahrhundert vor Christus. Sogar die modernen Feiertage des Staates Israel gründen sich auf Gedenken. Der Holocaust-Gedenktag ist der Jahrestag des Aufstands im Warschauer Ghetto. Der Unabhängigkeitstag erinnert an die Unabhängigkeitserklärung von 1948.

Würde Gott vergessen? Das einzige, von dem Er verspricht, daß Er es vergißt, sind unsere Sünden! Um als König zu richten, wendet er sich ab, aber Er kann sich nur für einen Moment abwenden, denn er ist gleichzeitig auch Vater und Sein Herz wird immer wieder zu Seinem Volk zurückgezogen.

Zwei Betrachtungen des Herzens Gottes: König und Vater

(Siehe Bild von Figur 2). In diesem Stück zeigen sich beide Elemente, Vater und König. Die linke Hand der Kreuzigungsfigur zeigt nach unten, zeigt weg. Dies ist kein Zeichen des Gerichts, sondern der Enttäuschung. Der Dieb zu Seiner Linken verflucht Ihn und macht sich über Ihn lustig. Er möchte nicht, daß an ihn gedacht wird. Der Dieb hat sich selbst vergessen, vergessen, daß er ein Mensch ist, der Gott braucht. Er hat Gott durch sich selbst ersetzt.

In Figur 2 habe ich das Herz des Vaters, das in Jesu Brust schlägt, gezeigt. Jesus wendet sich körperlich dem Dieb zu, der ein Stück weit erkannt hat, wer Er ist. Sein Körper ist angenagelt, aber gleichzeitig zieht er gegen allen Widerstand, um die Steine und die Tränen zu berühren, die Gedenken an den Tod bringen mit Seinen Worten des Lebens.

Dieses Stück zeigt das Herz Jesu, das auch das Herz des Vaters ist. Das Wort „Vater" bezeichnet eine Position der Autorität, an die große Erwartungen gestellt werden. Von einem Vater wird erwartet, daß er versorgt – sich um seine Kinder kümmert, eine Quelle der Weisheit ist und für jedes Kind ein Ort, an dem es willkommen ist.

Der König schafft die Gesetze, also muß er auch richten. Gericht kann hart sein, aber es bringt auch Ordnung und Frieden. Der König ist gezwungen, Seine eigenen Gesetze durchzusetzen, aber wenn Er Seine Gesetze anwendet, tut er dies mit den Tränen des Vaters, der sich immer wünscht, daß Sein Kind umkehren möge, Buße tun und wieder in eine gute Beziehung mit Ihm kommen möge Der Begriff des Gedenkens sollte uns Hoffnung geben. Wenn Jesus, Mensch gewordener Gott, auf die Schreie eines Diebes in seinen letzten Lebensminuten geantwortet hat, wieviel mehr würde Er gedenken und Seinem eigenen Volk antworten? Die Israeliten seufzten in ihrer Sklaverei ...da hörte Gott ihr Ächzen und Gott dachte an seinen Bund mit Abraham, Isaak und Jakob... (2. Mose 2,23-24). Er kann sie nicht vergessen. Sie sind Sein Volk! Er mußte einfach auf diese Schreie antworten. Sechs Millionen Schreie, Seufzer und Tränen... Wenn er nicht antworten würde, würde er seine zentrale Rolle als Vater verleugnen.

Kreuzigung

Die Kreuzigung war eine Folter, gedacht, um dem Opfer das größtmögliche Leid für möglichst lange Zeit zuzufügen. Manche Quellen sagen, daß die Opfer bis zu fünf Tage am Kreuz hingen. Die Kreuzigung wurde oft ausgeführt, um die Zuschauer davon abzuhalten, die Verbrechen zu begehen, auf die Kreuzigung als Strafe stand. Die Opfer wurden auch nach dem Tod noch zur Schau gestellt, so daß andere, die versuchten abzuweichen, gewarnt wären. Die Kreuzigung war gewöhnlich dafür gedacht, einen besonders langsamen, schmerzhaften, grausamen, demütigenden und öffentlichen Tod herbeizuführen, und dabei war jedes Mittel recht.

Die Kreuzigung kann als identisch mit den Leiden des Holocaust gesehen werden. Zwar war die Kreuzigung eine Hinrichtung, aber es war auch eine Demütigung, indem sie das Opfer so verletzlich wie möglich machte. Auch wenn Künstler die Figur am Kreuz mit einem Leintuch darstellen, ist es wahrscheinlich, daß die Opfer völlig nackt gekreuzigt wurden. Dies war auch die Erfahrung vieler Millionen, die im Holocaust umkamen, und darauf bezieht sich Psalm 22,18-19: „Alle meine Gebeine könnte ich zählen. Sie schauen und sehen auf mich herab. Sie teilen meine Kleider unter sich, und über mein Gewand werfen sie das Los."

Während ich dies schreibe, kann ich vor meinem inneren Auge die ausgemergelten Körper der lebenden Toten in den befreiten Lagern wie zum Beispiel Bergen-Belsen sehen. Nach der Ankunft in den Todeslagern wurden die Gefangenen gezwungen, alle Habe abzugeben. Alle persönlichen Gegenstände, einschließlich der Kleidung, wurden ihnen abgenommen, aufgeteilt und im Dritten Reich verteilt. Diese Verse wurden auch bei der Kreuzigung Jesu erfüllt: „Und sie kreuzigten ihn. Und sie verteilen seine Kleider, indem sie das Los über sie warfen, was jeder bekommen sollte." (Markus 15,24)

Das Johannesevangelium ist da wesentlich ausführlicher: „Die Soldaten nun nahmen, als sie Jesus gekreuzigt hatten, seine Kleider – und machten vier Teile, einem jeden Soldaten einen Teil – und das Untergewand. Das Untergewand aber war ohne Naht, von oben an durchgewebt. Da sprachen sie zueinander: Laßt es und nicht zerreißen, sondern darum losen, wessen es sein soll! Damit die Schrift erfüllt würde, die spricht: ‚Sie haben meine Kleider unter sich verteilt und über mein Gewand haben sie das Los geworfen.' Die Soldaten nun haben dies getan."

Auschwitz war der Inbegriff der Kreuzigung. Auschwitz war in zwei Hauptlager aufgeteilt, Auschwitz Eins und Auschwitz Zwei, auch Birkenau genannt. Wenn man vor dem unmittelbaren Tod gerettet wurde, indem man nach Auschwitz Eins geschickt wurde, ging man dann durch ein langsames Sterben durch Hunger und Überarbeitung.

Wenn man zur Arbeit nicht mehr taugte, wurde man nach Birkenau geschickt und dort vergast. Dies war der letzte Teil der Hinrichtung, zwanzig Minuten des Erstickens in den Gaskammern. Wie Zeugen berichten, konnte man in den ersten zehn Minuten die Schreie und Gebete aus den Gaskammern hören. In den letzten zehn Minuten erstickte das Gas alle Laute. Diese zehn Minuten Schreie wurden Millionen Male gehört. Nach Schätzungen waren es mehr als 2,5 Millionen Männer, Frauen und Kinder, die durch diesen langsamen und schmerzvollen Prozeß starben. Das einzige Herz, das aller dieser Rufe, Schreie und Gebete aus den Gaskammern gedenken kann, ist das Herz Gottes selbst. Diese hörbare Fürbitte auf Erden verlangte nach einer Antwort aus dem Herzen des Vaters im Himmel.

Die Sicht des Holocaust-Überlebenden

Einmal wurde die Geschichte von den zwei Dieben einer Holocaust-Überlebenden erzählt und erklärt, daß alle drei gekreuzigten Männer dies in den letzten Minuten ihres Lebens sprachen. Der Dieb zur Linken verfluchte Jesus und der Dieb zur Rechten bat inständig darum, daß seiner gedacht würde.

Daraufhin sagte die Holocaust-Überlebende: „Ich kann mich mit beiden Dieben identifizieren. Wir lebten immer mit dem Tod unmittelbar vor Augen. An einem Tag verfluchten wir Gefangenen Gott und machten uns über Ihn lustig mit dem letzten bißchen Kraft, das wir noch hatten, an einem anderen riefen wir zu Ihm und flehten Ihn an, unser zu gedenken.

Aus der Perspektive eines Überlebenden gehen die Hände der Figur, die den Holocaust darstellt, in entgegengesetzte Richtungen. Eine Hand streckt sich nach oben aus und identifiziert sich mit der Hand, die Leben gibt. Die zweite Hand streckt sich in die andere Richtung, die des Spotts und des Fluchens.

Zusammenfassung

Als der Künstler habe ich mich gefragt, ob Gott Sein Volk verwerfen würde? Würde Er, der Vater, sie ersetzen, wenn Jesus Seinen Wunsch, zu erretten auf so extreme Art zeigt?

Die Antwort ist: Gott will und kann Sein Volk nicht verwerfen. Er ist ein liebender Vater. In den letzten Minuten im Leben Seines eigenen Sohnes streckte sich das Herz Seines Vaters aus und gab dem Dieb Leben, durch Seinen Sohn. Diese Tat der Liebe sollte uns alle dessen versichern, daß der Vater immer an Sein Volk gedenkt.

Fragen zum Austausch

1. Was ist Ihr Verständnis von Gedenken?
2. Was denken Sie über den Dieb, der mit Jesus ins Paradies ging? Inwieweit bestätigt es Ihre Ansicht oder fordert es Ihr Verständnis von Errettung durch Jesus heraus?
3. Was denken Sie, warum sind die Juden aufgefordert, durch ihre Feiertage ihrer Geschichte zu gedenken?
4. Wie hat Gott, der Vater für Sein Volk gesorgt, sich um es gekümmert und es willkommen geheißen?
5. Lesen Sie Hesekiel 37,1-12 und denken Sie noch einmal über diese Verse nach in Verbindung mit dem Holocaust. Wie zeigt der Vater Seinem Volk Sein Herz?
6. Nehmen Sie sich einen Augenblick Zeit und betrachten Sie das Bild von Figur 2. Wie würden Sie dem Holocaust-Überlebenden das Herz des Vaters nahebringen? Spiegelt der Schmerz des Überlebenden die Kreuzigung oder identifiziert er sich damit?
7. Wie können Sie der Juden gedenken?
8. Nehmen Sie sich eine Zeit des Nachdenkens und versuchen Sie, Geist, Seele und Verstand freizubekommen. Stellen Sie sich vor, Sie sehen eine Szene aus dem Holocaust in Auschwitz. Wie würden Sie beten? Was würden Sie dem Holocaust-Opfer sagen, das durch diesen unaussprechlichen Schrecken geht? Was denken Sie, hat der Vater gefühlt und wessen hat er gedacht in diesen Jahren?

Er sprach zu seiner Mutter: „Frau, siehe, dein Sohn!" und zum Jünger: „ Siehe, deine Mutter"

Figur 3

Drittes der letzten sieben Worte Jesu

*Als nun Jesus die Mutter sah
und den Jünger, den er liebte,
dabeistehen, spricht er zu seiner
Mutter: Frau, siehe, dein Sohn!
Dann spricht er zu dem Jünger:
Siehe, deine Mutter!
Und von jener Stunde an nahm
der Jünger sie zu sich.*

Johannes 19,26.27

Schlüsselwort: *Beziehung*

Ziele

In diesem Kapitel lernen Sie:

1. den Begriff Beziehung verstehen anhand der neuen und nicht naturgegebenen Verbindung zwischen Maria, der Mutter Jesu und Johannes, dem geliebten Jünger.

2. den Begriff einer nicht naturgegebenen Beziehung zu verstehen.

3. im Zusammenhang mit der beziehungsmäßigen Bindung des Vaters an Israel den Text in Jesaja 49,15 zu vergleichen und gegenüberzustellen.

4. herauszufinden, warum der Vater eine neue und nicht naturgegebene Beziehung zu Jesus schuf.

5. das emotionale Gewicht einer Beziehung zu ergründen, das der Holocaust-Überlebende wegen seiner ermordeten Verwandten und Freunde und seines früheren Lebensstils mit sich trägt.

Eine neue Beziehung

Dies Wort ist aus Sicht der Kreuzigung einfach zu verstehen. Es zeigt so sehr das Herz Jesu. Am Höhepunkt Seines eigenen Leidens sorgt er sich um Seine Mutter. Mein Gedanke, als ich die Figur 3 der Kreuzigung schuf, war, daß Er sie auf die Schultern eines Freundes legt, dem er vertrauen kann - Johannes, der geliebte Jünger, der einzige seiner Jünger, der während des ganzen Leidens bei ihm bleibt.

Beziehung

Das wichtigste Wort in Figur 3 ist Beziehung. Die zwei grundlegenden Worte für Beziehung sind „Vertrauen" und „Verbindlichkeit". Jesus vertraut Seine Mutter der Fürsorge von Johannes an und verpflichtet ihn zur Fürsorge. Johannes muß sie nun wie seine eigene Mutter behandeln. Jesus übergibt Johannes Seine eigene Rolle als Sohn.

Eine Mutter-Sohn-Beziehung

Im natürlichen Bereich gibt es keine tiefere Verbundenheit als die zwischen einer Mutter und ihrem Sohn. Die Worte „Mutter, dies ist dein Sohn, Sohn, dies ist deine Mutter" gehen über das Natürliche hinaus, sie schaffen eine Beziehung aus dem unnatürlichen Platz des Leidens heraus. Johannes war nicht der Sohn von Maria, und sie war nicht seine Mutter, aber die Worte vom Kreuz schaffen die engste aller Beziehungen.

Die Mutter-Sohn-Beziehung reicht bis tief ins Herz des Vaters. Wie kann ein Sohn seine Mutter unter den Schutz eines anderen Mannes geben? Wie sieht der himmlische Vater diese Übertragung der Beziehung?

Wenn ich innehalte und nachdenke, frage ich mich: Wie kann ein Sohn seine Mutter der Obhut eines anderen Mannes anvertrauen und wie kann eine Mutter ihren Sohn geben, um geopfert zu werden. Maria hat sicher die ganzen Jahre über in ihrem Herzen gespürt, daß Er sich opfern würde, aber was empfindet das Mutterherz, wenn sie Ihn sterben sieht?

Wie kann sie den Ort der Kreuzigung verlassen und dann unter den Schutz eines anderen gehen, der nicht ihr Sohn ist?
Ist dies der äußerste Ausdruck der Liebe, die Opferung des eigenen Sohnes erleben, das Weggeben der Mutter und die Aufnahme einer liebenden Beziehung mit jemandem, der nicht der eigene Sohn ist?

Jesaja spiegelt Marias Beziehung wider in Jesaja 49,15: „Vergißt etwa eine Frau ihren Säugling, daß sie sich nicht erbarmt über den Sohn ihres Leibes? Sollten selbst diese vergessen, ich werde dich niemals vergessen."
„Was hier gezeigt und ausgesagt wird, ist die göttliche Liebe und Gnade in ihrer Macht, Tod in Leben zu verwandeln." Dies muß für alle drei, Jesus, Maia und Johannes, ein Augenblick des vollkommenen Vertrauens und der völligen Hingabe gewesen sein.

Die Sicht des Holocaust-Überlebenden

Um die Sicht des Holocaust-Überlebenden zu zeigen, habe ich ihn mit einem schweren Tuch über den Schultern dargestellt. In den Falten des Tuches ist die Figur einer Frau. Sie ist ausgezehrt und wirkt surreal. Er trägt sie mit einem Arm, der mit dem Tuch verwobene Körper geht über seine Schultern, seine Hand hält das Ende des Tuches.

Die Holocaust Beziehung

Der Holocaust-Überlebende hatte auch eine Beziehung auf seinen Schultern liegen. Seine Beziehung ist die Erinnerung an die Toten, sie liegt auf ihm wie eine schwere Last. Dies sind seine Blutsverwandten. Für den Rest seines Lebens wird er die Erinnerung an sie mit sich tragen, wohin er auch geht. Er hat den Holocaust überlebt, während seine Familie und Freunde umgekommen sind. Er war nicht in der Lage, die Mitglieder seiner eigenen Familie zu retten. Wenn er gekonnt hätte, hätte er seine Mutter auf seinen Schultern in Sicherheit gebracht, aber auch sie wurde ihm entrissen und niemand war da, um zu helfen. Der Überlebende trägt nun die Bürde dieser Schuld mit sich, daß er seiner Mutter nicht helfen konnte.

Der Holocaust-Überlebende findet sich nun in einer völlig unnatürlichen Beziehung wieder. Die meisten Verwandten, die er vor dem Krieg kannte, sind nicht mehr da, und statt dessen trägt er nun die sechs Millionen auf seinen Schultern. Dies schafft eine nicht naturgegebene Beziehung, vielleicht näher als alle anderen Beziehungen, die er vorher kannte.

Der Überlebende trägt nun, so wie Johannes unter dem Kreuz, eine Beziehung, die er vor dem Holocaust nicht hatte. Die beiden nicht naturgegebenen Beziehungen sind beide in dieser Figur dargestellt. Die neue, aber nicht naturgegebene Beziehung kommt von Jesus, der Johannes Maria gibt, die nun von ihm getragen und versorgt werden soll, und der Überlebende trägt nun die neue und nicht naturgegebene Beziehung zu den sechs Millionen.

Das Ende des Tuches ist in seiner Hand, und darauf ist er hauptsächlich ausgerichtet. Für die meisten Überlebenden war die Befreiung aus den Lagern so etwas wie eine Wiedergeburt aus einem Ort des Todes heraus. Sie wurden wieder menschliche Wesen mit Gefühlen, Emotionen, Wünschen und einer Furcht vor alten Erinnerungen. Alles war ihnen genommen worden, viele von ihnen konnten sich nicht einmal an ihren eigenen Namen erinnern.

Der Weg zurück zu einer Position, in der er sich wieder mit menschlichen Gefühlen und Erinnerungen verbinden konnte, war lang und schwer. Dies ist mit dem kurzen Ende des Tuches in seiner Hand dargestellt. Je mehr er sich klar wird, was mit ihm geschehen ist, wächst das Tuch und geht seinen Arm hinauf. Als er zu begreifen beginnt, daß seine Familie, sein Dorf und das Land, zu dem er gehörte, zerstört wurden, nimmt das Tuch eine Form an, die über seine Schultern geht und zu Boden fällt. Der Körper ist Teil dieser Falten, aber hier gibt es auch sechs deutliche Falten, die die Zahl sechs Millionen darstellen. Diese sind nun seine neuen Beziehungen, die er den Rest seines Lebens mit sich tragen wird.

Zusammenfassung

Wenn Gott aus so einem zerbrochenen Zustand des Leidens eine neue Beziehung schaffen kann, warum sollte Er die Beziehung ersetzen? Etwas „Neues" zu erschaffen scheint immer Teil von Gottes Charakter zu sein. Eine nicht naturgegebene Beziehung aus der natürlichen.

Jesus in Seinem Leiden schuf eine neue Beziehung, die vor der Kreuzigung nicht existierte – nicht nur ein Freund, ein Bekannter, sondern ein Sohn für eine Mutter. Es könnte keine tiefergehende Beziehung geben. Jesus zeigt in diesen Worten die große Bedeutung von Beziehungen mit persönlicher Verbindlichkeit. Dies wirft eine Frage auf: Wenn Beziehung und Verbindlichkeit für Ihn so wichtig sind, würde Er dann Seine Beziehung zu Israel lockern oder ersetzen? Nein, das würde Er nicht. Der Vater ist mit Seinem Volk verbunden. Warum würde Er die Beziehung, die Seinem Herzen am nächsten ist, ersetzen?

Fragen zum Austausch

1. Mit welchen Tätigkeitswörtern würden Sie den Schlüsselbegriff „Beziehung" beschreiben?

2. Wie würden Sie die neue und nicht naturgegebene Beziehung zwischen Johannes, dem Jünger, den Jesus liebhatte, und Seiner Mutter Maria beschreiben?

3. Wie zeigt Johannes ganz praktisch das zweite Gebot „Liebe deinen Nächsten wie dich selbst", wenn er Maria als seine Mutter annimmt?

4. Nehmen Sie sich einige Minuten zum Nachdenken und schauen Sie sich Figur 3 an. Versuchen Sie, selbst körperlich das Gewicht der im Holocaust Ermordeten zu spüren, das der Überlebende trägt. Wie kann der Überlebende mit dieser Last dieser nicht naturgegebenen Beziehung sein Leben wieder neu beginnen?

5. Wie sehen Sie die Parallelen zwischen der neuen Beziehung, die Jesus schuf, indem Er Maria der Sorge Johannes' anvertraute und der neuen Beziehung des Holocaust-Überlebenden, der seine toten Landsleute trägt?

6. Lesen Sie die Zusammenfassung noch einmal und beantworten Sie dann die dort gestellte Frage: „: Wenn Beziehung und Verbindlichkeit für Ihn so wichtig sind, würde Er dann Seine Beziehung zu Israel lockern oder ersetzen?" (Eph. 2,16) Wurden die Heiden gebeten, das jüdische Volk zu tragen? Lesen Sie dazu Jesaja 49,22.

7. Wie beeinflusst die Frage nach der beziehungsmäßigen Bindung Gottes an Israel Ihr Leben? Wie erfüllt Seine Beziehung Jesaja 49,15?

"Mein Gott, mein Gott,

warum hast du mich verlassen? "

Figur 4
Viertes der letzten sieben Worte Jesu

*Und in der neunten Stunde
schrie Jesus mit lauter Stimme:
Eloí, Eloí, lemá sabachtháni?
Was übersetzt ist:
Mein Gott, mein Gott,
warum hast du mich verlassen?*

Markus 15,34

Schlüsselwort: *Verlassen*

Ziele

In diesem Kapitel lernen Sie:

1. den Begriff Verlassen aus der Sicht des Vaters während der Kreuzigung und im Holocaust zu verstehen.
2. den Begriff des so empfundenen Verlassenseins vom Vater und die damit verbundenen Fragen in Vergangenheit und Gegenwart anzusehen.
3. die praktischen und prophetischen Warnungen an die Juden vor dem Holocaust kennen.
4. zu analysieren, warum der Autor den Holocaust als eine Form des Gerichtes sieht.
5. über den Beziehungsaspekt von Verlassen, Ablehnung und im Stich lassen in Verbindung mit dem Kreuz und dem Holocaust.

Einführung des Künstlers Rick Wienecke

Wenn ich über dieses vierte Wort Jesu vom Kreuz schreibe, wirft dies viel mehr Fragen auf als es Antworten gibt. So werden in diesem Abschnitt bewußt Fragen aufgeworfen, damit Sie dadurch zu eigenen Gedanken angeregt werden. Am Ende finden Sie diese Fragen noch einmal im Abschnitt der Fragen zum Austausch.

Tiefste Fragen

FRAGE: Kann es möglich sein, daß der Vater den Sohn im Stich läßt?
Die Antwort muß „ja" sein, da Jesus tatsächlich fragt „Warum hast du mich verlassen?" Er ist der Sohn, der beschrieben wird als „der eingeborene Sohn, an dem der Vater Wohlgefallen hat".

Diese Frage vom Kreuz bringt uns auf einige der zentralsten Fragen des Lebens und sicher zu einem der innersten Kämpfe vieler Holocaust-Überlebender:

♦ Wie kann es einen Gott geben, wenn Dinge wie der Holocaust geschehen?
♦ Wo war Gott während des Holocaust?

Ihre Schlußfolgerung ist oft. „Wenn diese schlimmen Dinge geschehen und Gott bringt es nicht in Ordnung oder verhindert es nicht, dann gibt es ihn nicht."

Jesu viertes Wort vom Kreuz ist auch eine Frage: „Warum hast du mich verlassen?" Jesus sucht nach einem Grund für das Verlassen.
Er fragt:

♦ Warum kann ich Dich nicht finden oder Deine Gegenwart spüren, wenn ich sie am meisten brauche?
♦ Gibt es einen Grund, warum Du mich (jetzt) allein gelassen hast?

Identifizierung im Verlassen sein

Jesu Fragen beruhen auf einer Beziehung. Er kennt die Gegenwart des Vaters. Er vertraut Seinem Vater und weiß, daß es einen Grund geben muß, wenn Sein Vater nicht gegenwärtig ist. Als Jesus tief im Inneren dieses Gefühl von Verlassen sein von Gott empfindet, muß sich dies tief in Sein Gedächtnis prägen. Daß Er an dem Punkt angelangt ist, die Frage nach dem Verlassen sein von Gott zu stellen, läßt Ihn die ganze Realität erfahren und Er kann sich mit dem Verlassen sein identifizieren. Dadurch kann Er unser höchster Fürbitter werden.

Verlassen

Gott setzt in der Bibel Verlassen mit Gericht gleich: „Im aufwallenden Zorn habe ich einen Augenblick mein Angesicht vor dir verborgen" (Jesaja 54, 8). Er entzieht sich sogar gewissermaßen der Situation und kann nicht gefunden werden. Wenn Gottes Gegenwart sich auch nur einen Augenblick von der Welt abwendet, könnte dies in Jahren eines Weltkrieges enden. Ich denke, dies ist die schwerste Form von Gericht.
Als Beispiel, daß der Vater Sein Angesicht abwendet, können wir uns die Geschichte von Moses ansehen. Moses nimmt die Stellung des Fürbitters zwischen Gott und der Sünde der Israeliten ein. Gott sagt, Er würde sie nicht vernichten, aber Er wäre nicht länger bei ihnen gegenwärtig. Moses geht dann intensiv ins Gebet und fleht Gott an, daß Er Seine Gegenwart nicht entziehen möge. Moses begreift, daß es außerhalb der Gegenwart Gottes kein Leben gibt.

Gottes vorübergehendes Verlassen

Wenn Gottes Angesicht Ihnen zugewandt ist, kann Er Sie auch korrigieren, aber ich denke, das ist nicht so schmerzhaft. Seine Korrektur ist dazu bestimmt, daß Sie zu Ihm zurückkehren, wenn Sie in Sünde sind. Am deutlichsten zeigt sich dieses Ziel, als der Vater für einen Augenblick Seinen geliebten Sohn verläßt, um einen ewigen Weg der Erlösung zu schaffen. Das Schlüsselwort ist hier „für einen Augenblick". Es ist etwas, das Gott nicht ertragen kann.

Seine eigene Gnade ist zu stark, und es zieht Ihn wieder zu den Rufen seines Volkes und Seines eigenen Sohnes am Kreuz. Gott kann verlassen, und Er wird einen Grund dafür haben. Wir sind oft nicht in der Lage, die Antwort zu verstehen, und meist wollen wir die Antwort nicht, wir wollen, daß es aufhört, und zwar jetzt! Dies muß ein Teil von Jesu Identifikation mit uns sein. So wie auch der Holocaust-Überlebende müssen beide darum gebeten haben, daß die Verlassenheit ihrer Umstände aufhört.

♦ Ist es für uns heute anders?
♦ Bitten wir auch, daß unser empfundenes Verlassen sein endet?

Gott kann nur einen Moment damit leben, uns zu verlassen. Diese Momente des Verlassens könnten sich in sechs Jahren Weltkrieg ausgedrückt haben. Der Mensch ist in der Lage, sein ganzes Leben in einem Zustand der Trennung von Gott zu leben.

Häufig stellen Menschen nicht die Frage nach dem Verlassen, sie klagen einfach an. Wenn ihre Anklagen wirklich Reden mit Gott sind und nicht nur Selbstrechtfertigung, hat Gott das Recht, seinerseits anzuklagen. Er wendet sich für einen Moment ab aber der Mensch hat in seiner Geschichte gezeigt, daß er sich seit Tausenden von Jahren von Gott abgewendet hat.

♦ Was ist die Antwort der Menschheit auf die Frage Gottes. "Warum habt ihr Mich verlassen?"

Gericht und Warnungen

Innerhalb des Holocaust gab es eindeutig auch Gericht, aber nicht ohne vorherige Warnungen durch den Vater. Weil Er ein Vaterherz hat, warnte Er in den 30er Jahren ständig praktisch und prophetisch, aber besonders die Juden in Deutschland und Europa von 1932 und 1939 an. Hier sind einige Beispiele:
1. Die Nürnberger Gesetze, die die Bewegungsfreiheit der Juden einschränkten, wurden in Deutschland erlassen.
2. Einige der Rabbis meinten, daß der Wahnsinn in Deutschland vorübergehen würde und rieten, daß die Juden das Land nicht verlassen sollten.

3.   Israel, damals Palästina genannt, war Anfang der 30er Jahre weit offen für Einwanderer. Ein starker zionistischer Leiter, Zeev Jabotinsky, ging zu verschiedenen jüdischen Gemeinden und bat inständig: „Könnt ihr den Rauch nicht riechen, könnt ihr nicht spüren, wie die Erde unter euren Füßen brennt? Verlaßt das Land, solange ihr könnt! Geht nach Israel!" Dies war durchaus eine nachdrückliche praktische und prophetische Warnung von einem jüdischen Leiter.

4.   Palästina begann 1936, sich langsam für Einwanderer zu schließen, nachdem der arabischen Aufstand begonnen hatte. Schließlich war Palästina seit 1939 für Juden aus Europa praktisch verschlossen, nachdem das britische Weißbuch aus demselben Jahr jüdische Einwanderung fast vollständig stoppte.

5.   Die Juden, die die Warnungen ernst nahmen und nach Palästina auswanderten, wurden vor der Vernichtung bewahrt.

Die Warnungen, Zeichen und sogar Berichte über die kommende Vernichtung wurden von den polnischen Juden wenig beachtet. Sie gingen sogar so weit, daß sie ihr Land als das verheißene Land betrachteten und einige ihrer Städte als Jerusalem. Sie hingen einer Ersatztheologie an, die zerstört werden mußte. Ich denke, daß Gericht auch eine bestimmte Zeit hat, eine Markierung im Sand, die der Herr dort gemacht hat. Wenn das Gericht dann kommt, sucht er nach Fürbittern und Propheten, die helfen, daß die Auswirkungen verringert werden. Denn Er weiß, was Menschen einander antun können, wenn Seine Gnade für einen Augenblick weggenommen ist.

Die Welt lebt in Seiner Gnade. Wenn Seine Gnade weggenommen ist und Sein Angesicht abgewandt, und sei es nur für einen Augenblick, benimmt sich der Mensch seiner Natur entsprechend. Sie töten einander, um in Kontrolle zu sein. Sie schaffen Strukturen der Macht, um dazuzugehören. Dies beschreibt genau die Vorbereitungen des Menschen für den 2. Weltkrieg. Die Früchte dieses Krieges waren fünfundfünfzig Millionen Tote in sechs Jahren. Aus dem Tod, dem Gericht und dem Holocaust des zweiten Weltkrieges wurde Israel, das Land, geboren.

♦   Könnte Israel ohne den Holocaust entstanden sein?

Trennung und Verlassen

♦   Gibt es einen Grund, warum Jesus den Verlust der Gegenwart Gottes spüren und erleben mußte?

Bei Jesus hängt diese Frage in der Luft, nicht als Anklage, sondern als echter Ausdruck der Größe Seines Leidens. Im Glauben weiß Er, daß es eine Antwort auf Seinen Verlust gibt. Jesus muß während Seiner Zeit am Kreuz gedacht haben:

♦   Gibt es Zeiten, in denen es gut ist, vom Vater getrennt zu sein?
♦   Hat sich dieses Verlassen sein als notwendig erwiesen?

Es scheint, daß Verlassen und Verlust mit die schwierigsten Fragen im Leben aufwerfen:

♦   Was, wenn etwas Schreckliches geschieht und Gott da ist und sich entscheidet, nicht einzugreifen, sondern es einfach geschehen zu lassen?
♦   Heißt das, daß Er nicht da ist?

Es gab mindestens dreizehn versuchte Attentate auf Hitler, und alle sind mißlungen. Auschwitz hätte schon lange vor Ende des Krieges bombardiert worden sein können, aber dies geschah nicht.

♦   Wiederum, wo war Gott?

Ja, Satan hat Macht, aber Gott hat das letzte Wort. Wenn Gott allmächtig und allwissend ist, kennt Er auch die Natur des Menschen. Er ließ es zu, daß der Mensch das volle Ausmaß seiner bösen Natur im Holocaust von sechs Millionen Juden zeigen konnte.

♦   Muß Gott sich abwenden, damit das Böse geschehen kann?
♦   Ist es die äußerste Form von Gericht, wenn Er sich einen Augenblick abwendet?

Nach Gottes Zeitrechnung könnte dieser kurze Augenblick sechs Jahre sein. Im Hebräischen ist der Ausdruck *asserut panim*, das „Bedecken oder Abwenden des Gesichts, ein sich Abwenden".

Zusammenfassung

Es muß das Schlimmste für den Vater gewesen sein, diese Verlassenheit des Sohnes zu spüren, aber um ein bestimmtes geistliches Gesetz oder Prinzip zu erfüllen, mußte Er Seinen geliebten Sohn verlassen. Er ließ es zu, daß Sein Sohn die Verlassenheit in ihrer ganzen Tiefe erfuhr, um einer verlorenen Welt eine Möglichkeit der Rettung zu geben.

Die Kreuzigung als solche ist ein Akt der Fürbitte und ein Akt der Erlösung. Jesus sollte Erlösung anstelle von Verlassenheit bringen, aber als Hohepriester und oberster Fürbitter mußte Er sie zunächst in ihrer ganzen Tiefe erfahren. Er läßt zu, daß Sein Volk das Verlassenseins zutiefst erfährt, um Sein eigenes Gefühl des Verlassenseins zu verstehen.

Wenn sie die Tränen verstehen könnten, die Er als Vater vergießt, wenn Er Gericht bringt, würde es sie dazu bringen, das Verlassen genauso zu verabscheuen wie Er es tut. Im Stich zu lassen, zu verlassen oder zu ersetzen ist die größte zerstörerische Kraft in einer Beziehung. Gott zeigt seine Abscheu für diese drei Dinge, indem Er Seinen Sohn das Kreuz erdulden ließ um die zu erlösen, die Er liebt.

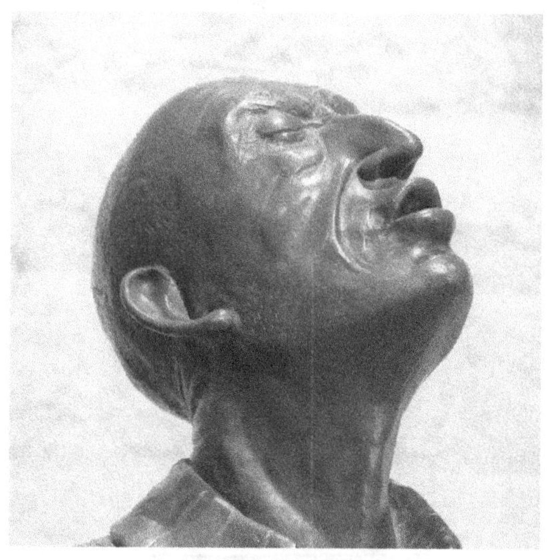

Fragen zum Austausch

Die folgenden Fragen wurden vom Autor bereits im Text gestellt. Bitte wählen Sie mindestens drei Fragen und sprechen Sie in der Gruppe darüber oder denken Sie jeder für sich darüber nach bzw. schreiben Sie darüber.

1. Kann es möglich sein, daß der Vater den Sohn im Stich läßt?
2. Fragt Jesus wirklich: „Warum hast du mich verlassen?"
3. Wie kann es einen Gott geben, wenn Dinge wie der Holocaust geschehen?
4. Wo war Gott während des Holocaust?
5. Warum fragt Jesus: „Warum kann ich Dich nicht finden oder Deine Gegenwart spüren, wenn ich sie am meisten brauche? Gibt es einen Grund, warum Du mich (jetzt) allein gelassen hast?"
6. Was ist die Antwort der Menschheit auf die Frage Gottes. "Warum habt ihr Mich verlassen?"
7. Könnte Israel ohne den Holocaust entstanden sein?
8. Gibt es einen Grund, warum Jesus den Verlust der Gegenwart Gottes spüren und erleben mußte?
9. Gibt es Zeiten, in denen es gut ist, vom Vater getrennt zu sein?
10. Muß Gott sich abwenden, damit das Böse geschehen kann?

„Mich dürstet"

Figur 5
Fünftes der letzten sieben Worte Jesu am Kreuz

Danach, da Jesus wusste,
daß alles schon vollbracht war,
spricht er,
damit die Schrift erfüllt würde:
Mich dürstet!

Johannes 19,28

Schlüsselwort: *Durst*

Ziele:

In diesem Abschnitt lernen Sie

1. den Begriff des Durstes aus verschiedenen Perspektiven zu verstehen.
2. den Begriff des Durstes aus Sicht der Identifikation zu verstehen.
3. zu analysieren, warum Jesus solch extremen Durst erlebte.
4. anhand dieses fünften Wortes Jesu das Prinzip der fürbittenden Identifikation kennen.
5. dafür einzustehen, daß Jesus sehr weit ging, um Sich mit Seinem eigenen Volk zu identifizieren.

Jesus, das lebendige Wasser

Dies ist ein Schrei Jesu, ein persönlicher Schrei, der zu Seinem eigenen Leiden gehört. Es drückt sich als innerer Schrei aus, nicht nur als direktes Bedürfnis. Er hat sich selbst als Geber lebendigen Wassers bezeichnet, und wer immer von Ihm trinken würde, würde nie mehr Durst haben. Wenn Jesus Sich selbst als Quelle lebendigen Wassers bezeichnet und nun sagt, daß Er Durst hat, muß dies heißen, daß Er nichts mehr übrig hat, daß Er jeden Tropfen von Sich selbst gegeben hat.

Jesu Durst

Aus diesem Grund entsteht in meiner Kreuzigungs-Figur der Eindruck, daß sich alles nach unten bewegt. Die Finger der Hände ziehen auf surreale Art nach unten, der Kopf ist zur Seite geneigt und Sein Mund steht offen. Alles ist aus Ihm herausgesogen worden. Wenn Wasser vergossen wird, sucht es sich den Weg zum tiefsten Punkt, bevor es stehen bleibt. Er ist unser Trankopfer, das bis zum letzten Tropfen ausgegossen wurde. Der letzte Tropfen, die letzte Träne zeigen sich in Seinen Füßen, die fast wie ein einzelner Tropfen in einer Spitze auslaufen.

Die Holocaust-Figur

Die Figur, die den Holocaust darstellt, berührt mit einer Hand fast die gekreuzigten Füße, die diese letzte Träne darstellen. Die Insassen der Konzentrationslager sagten oft, daß sie keine Tränen mehr hatten. Wenn keine Emotionen mehr bleiben, läßt es die Seele vertrocknen.

Die Identifizierung des Holocaust-Überlebenden mit Durst

Die Holocaust-Figur ist zusammengekauert, also auch eine Abwärtsbewegung – nicht als Haltung der Anbetung, sondern eine Identifizierung mit dem Ausgeschüttet sein. Mit Durst konnte sich ein Betroffener des Holocaust sehr gut identifizieren. Man sagte in den Lagern, daß man lange mit nur kleinen Stücken Brot überleben konnte, aber wenn man kein Wasser hatte, starb man innerhalb eines Tages.

Die andere Hand der Figur, die den Holocaust darstellt, ist auf dem Boden, wie eine Schale geöffnet, sie sucht dies innere Wasser, das ausgegossen wird. Dies zeigt, daß es – wie bei allen Menschen – einen Ort des inneren Durstes gibt, die unsichtbare Trockenheit, die die Seele töten kann, nicht nur den Körper.

Eine besondere Verbindung zu Auschwitz besteht darin, daß die Gefangenen, wenn sie ankamen, vorher bereits tagelang in Viehwaggons gesperrt waren, ohne Essen und Wasser. Ein Teil derer, die am Lager ankamen, waren bereits im Waggon gestorben, meistens an Durst. Die, die diese Folter erlitten, verstanden zutiefst die Verbindung von Durst mit Leiden und Tod.

Zusammenfassung

Wenn Jesus eine nie versiegende Quelle ist, warum wird Er dann bis zum letzten Tropfen ausgegossen?
Es muß dasselbe Prinzip der fürbittenden Identifikation sein wie beim letzten Wort Jesu. Damit die Kreuzigung Erlösung anstelle von Durst bringen kann, muß Jesus dies persönlich kennen.

Er machte diese Erfahrung zutiefst mit Leib und Seele. Damit Er völlig in der Lage ist, für uns zu bitten, muß Er sich völlig mit Durst identifizieren können. Wieder müssen wir zu dem Schluß kommen: wenn Er so sehr bereit ist, sich mit uns zu identifizieren, wieviel mehr identifiziert Er sich dann mit Seinem Volk!

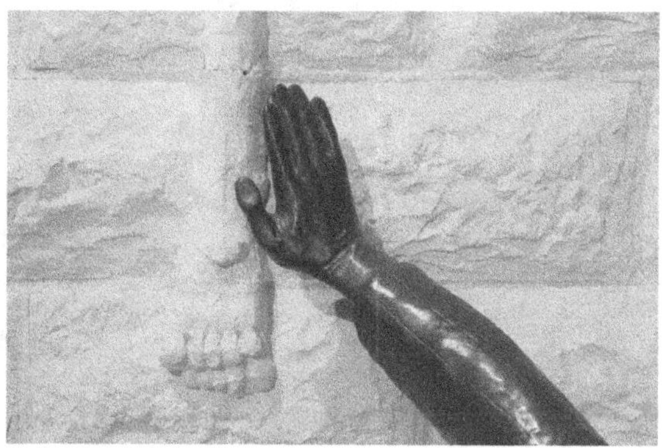

Fragen zum Austausch

1. Jesus sagt von Sich selbst, daß Er das lebendige Wasser ist. Nun sagt Er, daß Er Durst hat. Sprechen Sie darüber und finden Sie mehr über das Paradox heraus, daß Jesus der Geber lebendigen Wassers ist und nun Durst hat.

2. Die Holocaust-Figur berührt mit einer Hand beinahe die gekreuzigten Füße Jesu, die diese letzte Träne symbolisieren. Warum läßt der Künstler die Holocaust Figur nicht die Füße Jesu berühren?

3. Was führt zum „Vertrocknen der Seele"? Sprechen Sie über die extremen Bedingungen, die wohl dazu führten daß die Seelen der Gefangenen in den Konzentrationslagern vertrockneten.

4. Betrachten Sie nochmals Johannes 19,28-29. Warum erfüllt dies „Mich dürstet" die Schrift?

5. Was ist in diesem Wort das Prinzip der fürbittenden Identifikation

6. Der Künstler schließt mit der Frage: Wieder müssen wir zu dem Schluß kommen: wenn Er so sehr bereit ist, sich mit uns zu identifizieren, wieviel mehr identifiziert Er sich dann mit Seinem Volk? Sprechen Sie über Ihre Antworten.

„Es ist vollbracht"

Figur 6

Sechstes der letzten sieben Worte Jesu am Kreuz

Als nun Jesus den Essig
genommen hatte, sprach er:
Es ist vollbracht!
Und er neigte das Haupt
und übergab den Geist.

Johannes 19,30

Schlüsselwort: *vollbracht*

Ziele

In diesem Abschnitt lernen Sie

1. den Begriff vollbracht sein aus verschiedenen Perspektiven zu verstehen.
2. den Begriff vollbracht aus der Sicht der Identifikation zu sehen.
3. was der Begriff vollbracht für die Juden nach dem zweiten Weltkrieg bedeutete.
4. was der Begriff vollbracht für Jesus bedeutete

Ein Ende Seiner Leiden

Dies ist ein Wort mit vielen Bedeutungen auf verschiedenen Ebenen, so daß man sich fragt: „Was bedeutet es?" Jesus setzt Seinem Leiden ein Ende. Das ist in sich schon erstaunlich. Historisch gesehen, konnte eine Kreuzigung mehrere Tage dauern. Wenn wir es richtig verstehen, dauerte die Kreuzigung Jesu nur Stunden, nicht Tage.

Ich habe verschiedene Fragen dazu, warum Jesus innerhalb weniger Stunden starb:

- War die Geißelung durch Pilatus so schwer, daß es die Dauer der Kreuzigung verkürzte?
- Wenn Jesus als das Passalamm gesehen wird, sollte Er dann sterben, bevor das Passa begann?

Die Obersten der Juden wollten, daß die Beine der Gekreuzigten gebrochen werden sollten, so daß sie unmittelbar sterben und nicht während des Passas am Kreuz hängen würden. Im religiösen Denken der Juden würde das Passafest gestört oder beeinträchtigt, wenn die Gekreuzigten während der Feiertage dort hingen. Wurden die Beine gebrochen, hatte dies den unmittelbaren Tod durch Ersticken zur Folge. Als sie zu Jesus kamen, um Seine Beine zu brechen, waren sie überrascht, ja, sogar verblüfft, daß Er bereits gestorben war. Offenbar hatten sie in all ihren Erfahrungen mit Kreuzigungen noch nie ein Opfer so schnell sterben sehen.

Identifikation für die Holocaust-Opfer

Der Tod durch Ersticken am Kreuz erregte immer meine Aufmerksamkeit durch die Identifikation mit dem Holocaust. Die Kreuzigung war dazu gedacht, dem Opfer für die längst mögliche Zeit die größtmöglichen Schmerzen zuzufügen. Das letzte Stadium des Todeskampfes war Ersticken, wenn das Opfer sich nicht mehr hochstemmen konnte, um zu atmen. Gleicherweise wurden die Holocaust-Opfer durch Arbeit und Hunger langsam, aber sicher zu Tode gebracht. In den meisten Fällen war der endgültige Todesstoß Ersticken in den Gaskammern.

Das Ende aus Sicht des Holocaust-Überlebenden

Für die Juden in Europa war 1945 „das Ende". Beendet bedeutete für die Überlebenden, daß nichts klar war. Der Krieg war vorbei, aber was sollten sie jetzt tun? Diejenigen, die die Konzentrationslager überlebt hatten, versuchten, an die Orte zurückzugehen, die ihnen helfen würden zu wissen, wer sie waren: ihre Städte und Häuser. Dies waren die Orte der stärksten Erinnerungen und ihrer Identität. Ihre intensivsten Erinnerungen, das, was sie in den Lagern am Leben erhalten hatte, wurden zu einem weiteren Ort unergründlichen Kummers. Es war, als ob sie verschwunden wären.

Das Ende in Polen

Die Vorfahren der polnischen Juden hatten fast 900 Jahre im Land gelebt. Die Mehrzahl der europäischen Juden hatte in Polen gelebt. Ihre Geschichte dort war die größte Quelle kollektiver Erinnerung als Volksgruppe. Was sie entdeckten, als sie zurückkamen, war eine weitere Zerstörung ihrer Erinnerungen und ihrer Geschichte. Es war, als hätten sie nie existiert. Andere Menschen, meist die Polen des Ortes, lebten in ihren Städten und besetzten die Häuser ihrer Familien.

Es ist geschichtlich erwiesen, daß sie bei ihrer Rückkehr nicht mit Wärme oder Mitgefühl begrüßt wurden, sondern mit Zorn und Wut: „Wie könnt ihr es wagen zurückzukommen!" Ende 1945 gab es eine Reihe von Pogromen und Aufständen gegen die Juden in Polen und der Ukraine. Fünfundzwanzigtausend Juden, die den Holocaust überlebt hatten, wurden vor ihren eigenen Häusern durch die Hände ihrer eigenen nichtjüdischen Nachbarn getötet. Alles war beendet. Alles war verschwunden. Alles, was sie gekannt hatten, gab es nicht mehr.

Die Holocaust-Skulptur

In der Skulptur ist meine Antwort auf das „Ende" des Überlebenden, daß er sein Gesuct mit der Hand bedeckt. Er hat seine Identität verloren und kann nicht klar sehen. Die andere Hand des Überlebenden ist in der Luft und möchte in eine bestimmte Richtung zeigen, aber es gibt keine und die Hand schwebt nur in der Luft.

Es gibt keinen Ort, an den er gehen könnte. Niemand wollte 1939 die Juden, und nun, 1945 nach dem Krieg gab es noch immer keinen Ort für sie. Der einzige Ort der Welt, wo sie willkommen waren, war das Palästina vor der Gründung Israels, und die Briten taten alles, um dies zu unterbinden.

Wohin sollten sie also gehen? Sie mußten an den einzigen Ort zurück, den sie kannten, zurück in die Lager. Dieselben Konzentrationslager, aus denen sie befreit worden waren, wurden jetzt als Flüchtlingslager genutzt. Für die Überlebenden war das Ende wie ein Zurückgehen ins Grab, an den Ort, der jeden, den er kannte und alles, was ihm vertraut war, getötet und begraben hatte. Das Ende für den Überlebenden bedeutete die Rückkehr zu einem früheren Tod, zu einem Grab.

Darstellung „des Endes" aus der Sicht Jesu

Als ich das „es ist vollbracht" der Kreuzigung darstellte, hatte ich folgende Fragen:
♦   Brachte Jesus den Tod selbst zu einem Ende?
♦   War dies nun das Ende seiner Fürbitte?
♦   Hatte er alles vollbracht, was der Vater Ihm aufgetragen hatte?

Während ich diesen Fragen nachging, gestaltete ich den Ausdruck Seines Gesichtes, so daß es stark und entschlossen wirkte. Die Finger Seiner Hand bedecken die Köpfe der Nägel. Man kann die Nägel nicht sehen. Er läßt sie absichtlich verschwinden.

Zusammenfassung

Für die Holocaust-Überlebenden war das Leben, wie sie es bisher kannten, verschwunden. Das Ende war furchtbar und vollständig. Ihr falsches Israel und falsches Jerusalem in Polen mußte völlig zerstört werden, damit das wahre Jerusalem und das wahre Israel auferstehen konnten. Nach dem Ende des Krieges dauerte es noch drei Jahre, bis die Nation wieder auferstand und das neue Land Israel geboren wurde.
Damit etwas Neues beginnen kann, muß das alte für vollendet erklärt werden.

Jesus gab sich selbst in diesen Tod als ein Akt des Gehorsams gegenüber dem Vater, und so hat Er auch volle Autorität, es zu beenden. Wie Er in Offenbarung 21,6 feststellt: Und er sagte auch: Es ist vollendet! Ich bin das Alpha und das Omega – der Anfang und das Ende. (Neues Leben Übersetzung, Hervorhebung vom Verfasser).

Fragen zum Austausch

1. Lesen Sie noch einmal die ersten beiden Absätze überschrieben „Ein Ende Seiner Leiden". Zu welchem Schluß kommen Sie bei der Frage, warum Jesus innerhalb von Stunden und nicht von Tagen starb?

2. Schauen Sie sich das Bild von Figur 6 an. Was denken Sie, warum der Holocaust-Überlebende die Hand über das Gesicht hält?

3. Was sagen Sie dem Holocaust-Überlebenden, der in das Flüchtlingslager zurückkehren mußte, in dem er vorher gefangen war?

4. Schauen Sie sich noch einmal das Bild von Figur 6 an und sprechen Sie dann über die folgenden Fragen des Künstlers:

   - Brachte Jesus den Tod selbst zu einem Ende?

   - War dies nun das Ende seiner Fürbitte?

   - Hatte er alles vollbracht, was der Vater Ihm aufgetragen hatte?

5. Sprechen Sie über die Zusammenfassung des Künstlers: „Jesus hatte volle Autorität, es zu beenden."

„in deine Hände übergebe ich meinen Geist."

Figur 7

Siebtes der letzten sieben Worte Jesu am Kreuz

*Und Jesus rief mit lauter
Stimme und sprach:
Vater, in deine Hände
übergebe ich meinen Geist.
Und als er dies gesagt hatte,
verschied er.*

Lukas 23,46

Schlüsselwort: *übergeben*

Ziele

In diesem Abschnitt lernen Sie:

1. das Verständnis von übergeben aus Jesu Perspektive erkennen.
2. den Gedanken von Begräbnis und Auferstehung aus der Sicht des Kreuzes und des Holocaust zu untersuchen.
3. zu verstehen, was der Begriff „den Geist und die Erinnerungen übergeben" für den Holocaust-Überlebenden bedeutete.
4. der Frage nachzugehen „Warum den Fokus auf die Juden richten?"
5. den Gedankengang des Autors nachzuvollziehen „warum der Vater niemals die Juden vergißt".

Jesus übergibt Seinen Geist

Dies sind die letzten Worte, die letzte Äußerung, als Jesus Seinen Geist in die Hände des Vaters übergibt (dieselben Hände, die in Gethsemane den Kelch des Leidens in Jesu Hände gegeben haben). Die Hände des Vaters sind die einzigen Hände, die Jesu Geist aufnehmen können.

Dies ist auch derselbe Gott, zu dem Jesus vorher schrie und fragte: „Mein Gott, mein Gott, warum hast du mich verlassen?" Nun übergibt Er Seinen Geist wieder in die Hände des Vaters. Jesus weiß, daß Gott da ist, als Er Seine Fürbitte beendet. Er wußte, daß in den Händen des Vaters die Hoffnung der Auferstehung lag. Es war die Auferstehung, die ihre Verbindung bewies und die Fragen beantwortete.

Die Figur der Kreuzigung

Nun legt sich der Tod auf den Körper Jesu. Die Kreuzigung ist an ihrem tiefst möglichen Punkt angelangt, es ist nichts mehr da, um es zu geben, alles wurde bereits von Ihm genommen. Der Körper sieht aus wie Haut, die straff über Knochen gespannt ist. Er ist leer. In Seiner Auferstehung wird Er wieder gefüllt sein, um einmal mehr die Quelle lebendigen Wassers zu sein.

In der Auferstehung Jesu sehen wir noch einen weiteren Vergleich von Holocaust und Kreuzigung: Jesus war drei Tage im Grab. Das jüdische Volk war drei Jahre begraben, von 1945 bis 1948. Schließlich wurde 1948 der neue Staat Israel der eine Ort auf diesem Planeten, der die jüdischen Überlebenden haben wollte.

Die Figur des Holocaust

Die Skulptur des Holocaust-Überlebenden stellt dieses „Begraben sein" zwischen 1945 und 1948 dar. Beide Teile des Holocaust sind hier dargestellt. Zunächst ist der Überlebende zusammengebrochen unter dem schweren Mantel auf ihm, der die Umgekommenen darstellt. Die Figur ist zusammengebrochen, ein Mantel des Todes liegt auf ihm, bedeckt ihn und zieht ihn nach unten. Die Überlebenden mußten in die Konzentrationslager zurückkehren. Es gab für sie keinen anderen Ort, an den sie gehen konnten. Sie waren heimatlos, ohne Land und zerbrochen.

Es war, als ob die Umgekommenen und die Überlebenden zusammen begraben wären. In den Lagern waren die Gräber, in denen die Überlebenden alles ihnen Vertraute begraben hatten. Nun, in den Jahren zwischen 1945 und 1948 mußten sie zu den Toten in die Gräber steigen. Ich kannte Überlebende, die während der ganzen Jahre von 1945 und 1948 im selben Lager interniert waren. Der Gesichtsausdruck des Holocaust-Überlebenden ist eine Reaktion auf diesen zweiten Tod der Internierung. Er fragt: „Wie lange, o Herr, dauert dieses Begraben sein?"

Zweitens ist aber noch eine sehr surreale eigenständige Figur in das Tuch eingebunden, die die Umgekommenen darstellt. Die Figur in dem Tuch beugt sich vor und bedeckt den Überlebenden, die Hände nach oben gerichtet. Es ist das Gebet des Umgekommenen an den Überlebenden: „In deine Hände übergeben wir unseren Geist und die Erinnerung an uns."

Es ist charakteristisch für Überlebende, daß sie sich ständig gezwungen fühlen, an die Toten zu denken. Die Erinnerung an die Toten liegt in den Händen der Überlebenden. Ich denke, dies ist auch der Grund, warum es so viele Gedenkstätten für die Opfer des Holocaust gibt. Diese Gedenkstätten entstehen aus demselben Zwang: In eure Hände übergeben wir unseren Geist und das Gedenken an uns.

Warum der Fokus auf die Juden?

Die Leute sagen mir oft: „Warum liegt der Fokus auf den Juden? Im Holocaust sind auch andere umgekommen." Es ist wahr, neben dem Völkermord an den Juden gab es noch viele andere. Stalin brachte knapp 20 Millionen Menschen um. Dann gab es auch Völkermorde in Kambodscha, Ruanda und an den Armeniern durch die Türken. Meine Antwort ist es, eine Gegenfrage zu stellen: „Sag mir, warum benutzte Hitler, als er merkte, daß der Krieg zu Ende gehen würde, seine Züge, um Juden nach Auschwitz zu bringen?" Dieselben Züge hätten genutzt werden können, um einige seiner Truppen aus Rußland zu retten, aber er war getrieben, statt dessen Juden umzubringen.

Warum gibt es in der muslimischen Welt immer noch einen ähnlichen Drang, um jeden Preis Juden umzubringen? Sie werden alle umgebracht, weil sie Juden sind, nicht, weil sie gute oder schlechte Juden sind, gute oder schlechte Menschen, sondern schlicht und einfach weil sie Juden sind.

Was hat es mit dem Juden auf sich, daß er einen Hitler einen Völkermord begehen läßt, aber gleichzeitig die ganze Welt dazu bringt, daß an seine Leiden gedacht wird? Die meisten Länder haben Holocaust-Gedenktage, Museen, Denkmäler, Theaterstücke, Filme, Gedichte und Lieder, um an diesen Völkermord zu erinnern.

Sind es nur die Juden, die den starken Wunsch haben, daß dem Gedenken an sie Ausdruck verliehen wird? Wahrscheinlich nicht... Es gibt bei den Juden einen starken Drang, zu gedenken, aber sie stellen weniger als 1 Prozent der Weltbevölkerung dar. Könnte es Gott selbst sein, der dies Gedenken fordert?

Zusammenfassung

Jesus wurde als „der König der Juden" getötet. Dies sind die letzten, über Seinem Kopf in drei Sprachen geschriebenen Worte. Es war für Sein Königreich und Seine Verbindung mit den Juden, daß Er diese Leiden vollendete. Jesus sagte: „ Wenn ihr den Wein trinkt und das Brot esst, die Seinen zerbrochenen Körper und Sein vergossenes Blut symbolisieren, tut dies zu Meinem Gedächtnis."
Seine letzten Worte vom Kreuz waren: „In deine Hände übergebe ich meinen Geist." In Gottes Hände kehrt Er als „König der Juden" zurück. Gott hat Jesus einen Ort des Gedenkens innerhalb der menschlichen Geschichte gegeben wie sonst keinem anderen Menschen. Das läßt sich auch über das jüdische Volk sagen.

Während andere Volksgruppen der Antike vom Planeten verschwunden sind und nur noch am Rande erinnert werden, ist das jüdische Volk noch immer da. So wie an Jesu Königreich gedacht wird, wird auch an sie gedacht. Sie sind jetzt wieder in ihrem alten Heimatland und an sie wird in der Weltpresse fast an jedem Tag erinnert.

Gott hat nie Seinen Bund oder Seine Verheißungen an sie vergessen, denn Er ist ein treuer Vater. An sie wird so oft gedacht, wie Er sie nicht vergißt!

Fragen zum Austausch

1. Der Autor sagt: „Er wußte, daß in den Händen des Vaters die Hoffnung der Auferstehung lag. Es war die Auferstehung, die ihre Verbindung bewies und die Fragen beantwortete." Sprechen Sie darüber, warum die Auferstehung die Beziehung zwischen Jesus und dem Vater beweist. Welche Fragen hat sie für Jesus beantwortet? Welche Fragen beantwortet sie für Sie?

2. Denken Sie über das Bild von Figur 7 nach. Was denken Sie, worin besteht der Beziehungsdialog zwischen der Holocaust-Figur und der Kreuzigungs-Figur?

3. Nachdem Sie die vorherigen sechs Abschnitte gelesen haben, was ist Ihre Antwort auf die Frage: „Warum der Fokus so sehr auf die Juden?"

4. Sprechen Sie darüber oder schreiben Sie auf, was Sie in den gesamten sieben Abschnitten darüber gelernt haben, daß der Vater Seine Verheißungen an das jüdische Volk hält.

5. Wie wurden Ihre Ansichten, Ihr Leben oder Ihr Gebetsleben durch diese sieben Abschnitte beeinflußt?

Epilog „Der Schmetterling" – Heilung und Leben

Nach Tod und Begräbnis – könnte es eine Auferstehung geben?
Die Frage, die immer im Raum zu stehen schien war, ob es eine Beziehung zwischen der Kreuzigung und dem Holocaust geben könnte. Könnten die Leiden der beiden etwas gemeinsam haben? Der Tod war offensichtlich Teil von beidem, aber ein Begräbnis? Es schien eine Ähnlichkeit der Zeit zu geben, Jesus war 3 Tage lang begraben, das jüdische Volk 3 Jahre lang, von Frühjahr 1945 bis Frühjahr 1948, als Israel eine eigene Nation wurde.
War dies das Ende des Begraben seins und der Beginn der Auferstehung?

Ich hatte den „Schmetterling" während meiner Arbeit an der Wand geschaffen. Das Kind im Krematorium entstand aus einem Buch und aus Musik. Das Buch hieß „Hier fliegen keine Schmetterlinge" (*I never saw another butterfly*), eine Sammlung von Gedichten jüdischer Kinder aus dem Ghetto Theresienstadt. Die Mehrzahl dieser Kinder wurde in den Gaskammern von Auschwitz und Birkenau getötet. Diese kurzen Gedichte wurden ihre letzten Worte. Das Gedicht über den Schmetterling wurde von Pavel Friedmann am 4. Juni 1942 geschrieben.

Als die Wandteile und Skulpturen fast fertig waren, kam die Frage nach der Auferstehung auf. Wenn man die Skulptur des „Schmetterlings" betrachtet, geht die Hand des Kindes durch die Tür des Krematoriums und hält ein kleines Stück Erde in der Hand – dies ist die Auferstehung im Sinne eines Volkes, das beginnt, in sein Land zu kommen. Das Kind besitzt es, hält es fest, aber sieht es nie, so wie den Schmetterling.
Wie der Schmetterling in der Skulptur, ist die Auferstehung gerade außerhalb der Reichweite des Kindes, es kann sie nicht einmal fühlen, aber sie gehört ihm.
Olivenblätter, als Sinnbild für Olivenöl, bedecken den Boden.

In biblischen Zeiten wurde Öl zur Heilung und zur Salbung benutzt. Dies Öl soll für Israel sein, das jetzt als Nation aus der Asche der Krematorien aufersteht, es soll für seine Heilung sein und damit es weiß, daß Gottes Salbung auf ihm ist.

Ich stellte fest, daß dieses Objekt „Der Schmetterling" auf „In deine Hände befehle ich meinen Geist" folgen müßte. Die letzten beiden Teile würden die beiden Teile der Auferstehung darstellen, das Land der Nation und dann das Volk. Zunächst würde das Leben im physischen Sinn wieder beginnen, dann eine Auferstehung der Beziehung.

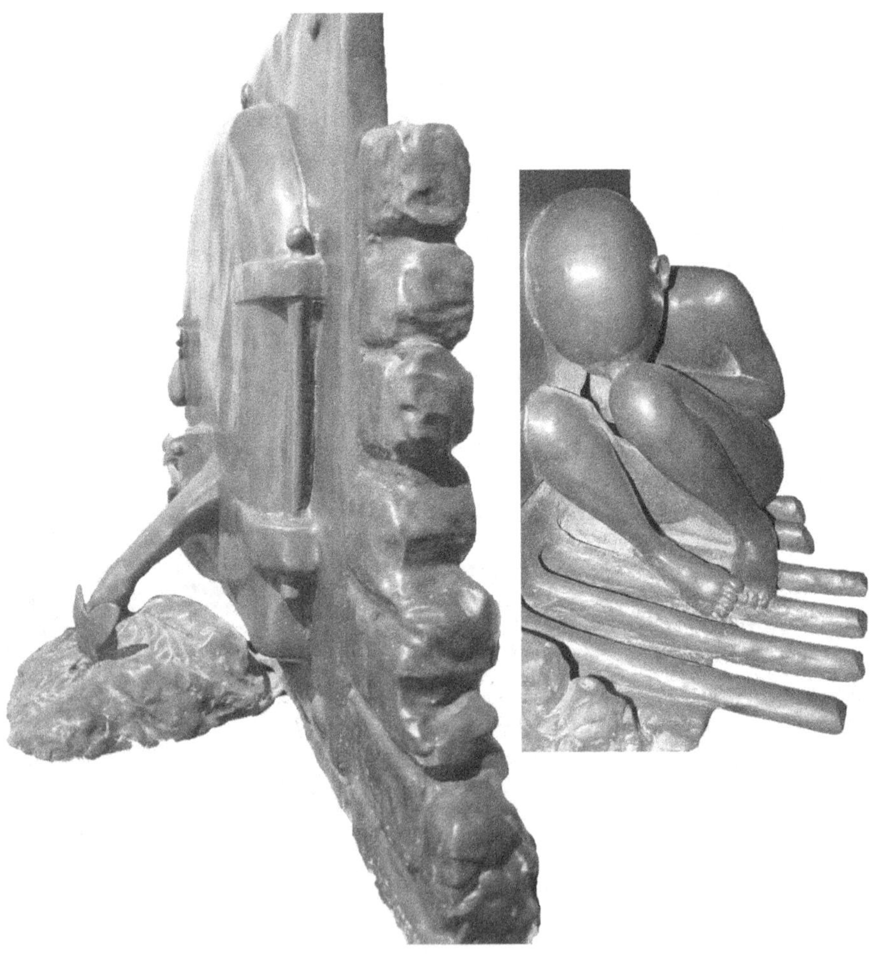

Die letzte Umarmung und der leere Kelch

Das letzte Objekt symbolisiert die Auferstehung der Beziehung, die abschlie-
ßende Aussage, in der die beiden Persönlichkeiten zusammengebracht werden. Der Kelch des Leidens, der in Gethsemane voll war, ist nun leer.
Gethsemane zeigte, daß die Kreuzigung der Wille des Vaters war.

War der Kelch des Leidens für das jüdische Volk auch gottgewollt?

Die Körper der beiden Skulpturen kommen zur Hälfte aus den Steinen, Steinen, die die Umgekommenen repräsentieren.

Weil Jesus sich freiwillig entschied, den Kelch zu trinken, hält Er nun das leere Gefäß empor. Dies gibt Hoffnung für die Zukunft, wenn sie einander in einer lebensspendenden Umarmung erkennen werden.

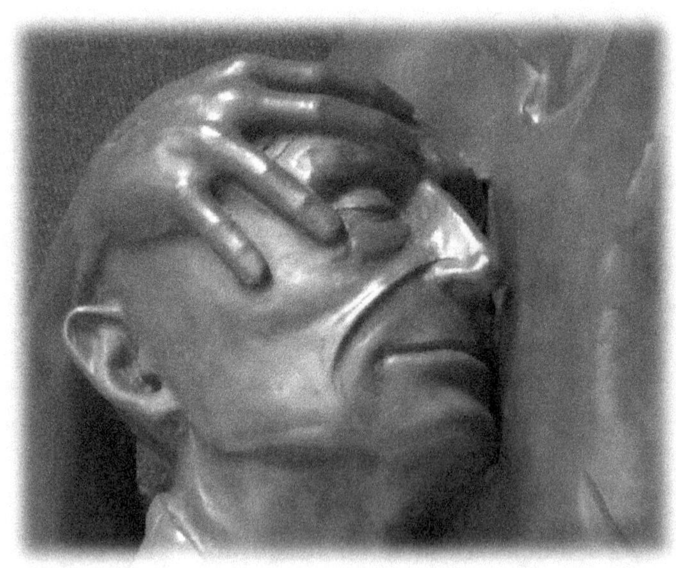

Mein Gebet für dieses Studienbuch ist, daß jeder, der es durcharbeitet, die Beziehung des Vaters zum jüdischen Volk und zum Land versteht. Sein Wunsch ist es, alles zurückzuzahlen und wiederherzustellen, was ihnen genommen wurde. Er hat sich auf Äußerste mit ihren Leiden identifiziert.

Zwischen Kreuzigung und Holocaust gibt es die Möglichkeit eines echten Dialogs. Meine Hoffnung ist, daß Sie Teil dieser Fürbitte werden, die von Ihm gewollt ist und so stark mit Seinen Tränen verbunden ist, bis die Fürbitte vollendet ist und Jerusalem ein Lobpreis auf Erden ist.

Rick Wienecke

Über den Künstler: Rick Wienecke

1976 begann der Kanadier Rick Wienecke aus Verzweiflung nach Gott zu suchen. Obwohl Rick kein Jude ist, fühlte er sich zu Israel hingezogen und der Aufstieg dieser Nation faszinierte ihn immer mehr.

Er war erstaunt, wie die Juden die Zerstörung durch den Holocaust überlebten und sich trotz der ständigen Drohungen, sie auszulöschen, 1948 zu einer Nation erklärten. Rick kam zu dem Schluß, daß, wenn es einen Gott gab, Er etwas mit den Juden und diesem Land zu tun haben mußte.

Ein Jahr später kam Rick nach Israel, um für sechs Monate in einem Kibbuz zu arbeiten und blieb sieben Jahre dort.

Während seiner sieben Jahre im Kibbuz wurden Ricks drei wichtigste Beziehungen lebendig: seine Liebe zu Jesus, als er gläubig wurde, zum Land und Volk von Israel und zu seiner Frau Dafna.

Durch ein Wunder bekam er eine Aufenthaltsgenehmigung, leistete seinen Militärdienst und kämpfte im Ersten Libanonkrieg und bekam danach die volle Staatsbürgerschaft. Inzwischen lebt Rick seit mehr als dreißig Jahren in Israel.

In den frühen Jahren im Kibbuz entstand Ricks Fähigkeit, sich durch Bildhauerei auszudrücken. Für ihn ist die Bildhauerei wie ein Gebets Prozeß, in dem er auf Gottes Herz hört und dann versucht, dem Gehörten eine dreidimensionale Form zu geben. Wer die „Quelle der Tränen" sieht, erlebt die Fürbitte.

Quelle der Tränen

Webseite: http://www.castingseeds.com
E-Mail: castingseeds@gmail.com

Besuche der Quelle der Tränen MÜSSEN vorher angemeldet werden. Die Skulpturen befinden sich auf Privatgelände und nicht in einem öffentlich zugänglichen Ort. Termine müssen vorab vereinbart werden. Ein Besuch der Quelle dauert zwischen 60 und 90 Minuten. Im Allgemeinen ist die Präsentation auf Englisch, aber es werden verschiedene andere Sprachen angeboten. Der Eintritt ist kostenlos.

Für die Organisation eines Besuchs bitten wir Sie, uns ein E-Mail mit möglichen Daten und Zeiten zusenden. Bitte geben Sie die zu erwartende Personenanzahl der Gruppe sowie Ihre bevorzugte Sprache an.

Die Quelle der Tränen Stiftung

Webseite: http://fot-foundation.org

Die Stiftung ist in der Handelskammer von Ost-Holland eingetragen, unter der Nummer 50086286.
Spenden für das Quelle der Tränen Projekt in Birkenau können über die Stiftung gemacht werden und sind von der Steuer absetzbar.